MUST READ   **ANALIZA KSIĄŻKI**

AF137380

I Nie Było Już Nikogo

· · · · · · · · · · · · · · · · · ·

AGATHA CHRISTIE

ANALIZA KSIĄŻKI

Napisany przez Elena Pinaud
Przetłumaczony przez Kâmil Kowalski

I Nie Było Już Nikogo

AGATHA CHRISTIE

AGATHA CHRISTIE

ANGIELSKA POWIEŚCIOPISARKA, DRAMATURG I AUTORKA OPOWIADAŃ

- **Urodziła się w Devon w 1890 roku.**
- **Zmarła w Oksfordzie w 1976 roku.**
- **Godne uwagi prace:**
  - *Morderstwo w Orient Expressie* (1934), powieść
  - *Śmierć na Nilu* (1937), powieść
  - *Tajemnica Gwiazdkowego Puddingu* (1960), zbiór opowiadań

Agatha Christie urodziła się w 1890 roku. Była angielską pisarką, która jest szczególnie znana z serii światowej sławy kryminałów. Napisała ponad 60 powieści (m.in. *"Zabójstwo Rogera Ackroyda"*, 1926; *"Morderstwo w Orient Expressie"*, 1934; *"Śmierć na Nilu"*, 1937), kilka sztuk teatralnych (m.in. *"Pułapka na myszy"*, 1952), dwie autobiografie i sześć powieści pod pseudonimem Mary Westmacott. Niektórzy detektywi z jej książek, tacy jak Herkules Poirot i panna Marple, są powracającymi postaciami.

Jej książki wyróżniają się unikalnym stylem i posiadają wiele rozpoznawalnych elementów, takich jak umiejętność utrzymania tajemnicy i napięcia aż do samego końca, spontaniczność, humor i zaskakujące zakończenia.

I NIE BYŁO JUŻ NIKOGO

OD DZIECIĘCEJ RYMOWANKI DO SERII PRZERAŻAJĄCYCH MORDERSTW

- **Gatunek**: powieść detektywistyczna

- **Wydanie referencyjne**: Christie, A. (2007) *And Then There Were None*. Masterpiece Ed. New York: Harper.

- **Pierwsze wydanie**: 1939

- **Tematy**: lęk, morderstwo, izolacja, wina, śledztwo, przedstawienie

I Nie Było Już Nikogo (1939) to powieść detektywistyczna przedstawiająca serię makabrycznych morderstw, które mają miejsce za zamkniętymi drzwiami, a władze nie są w stanie ich powstrzymać. Ofiarami są byli oskarżeni, którzy zostali wypuszczeni z powodu braku dowodów pozwalających ukarać ich za popełnione zbrodnie. Tajemnicza, trzymająca w napięciu atmosfera, rytm dialogów, element interaktywny (czytelnik może spróbować odgadnąć tożsamość mordercy) oraz ściśle skonstruowana fabuła do dziś urzekają czytelników zarówno młodych, jak i starszych.

PODSUMOWANIE

TAJEMNICZA RODZINA OWENÓW

Akcja powieści rozgrywa się w latach czterdziestych XX wieku, w Devon na południu Anglii. Pierwszy rozdział przedstawia prawie wszystkich bohaterów książki w drodze na Wyspę Żołnierzy: pan Justice Wargrave, Vera Claythorn, kapitan Philip Lombard, panna Emily Brent, generał MacArthur, doktor Armstrong, Anthony Marston i pan Blore. Wszyscy oni są gośćmi państwa Owen, właścicieli wyspy. Jednak po spotkaniu w małym porcie goście zdają sobie sprawę, że żaden z nich nie zna ani Owenów, ani Wyspy Żołnierzy, która widziana z daleka ma w sobie "coś złowrogiego".

Dom Owensów jest bardzo nowoczesny, a ich służący, państwo Rogers, zapewniają gościom nienaganną obsługę. Przyznają jednak, że nie znają właścicieli, których zresztą nigdzie na wyspie nie można znaleźć. Vera, która odkrywa w swoim pokoju rymowankę o dziesięciu znikających po kolei Żołnierzykach, uważa, że ma ona nawiązywać do nazwy wyspy (Wyspa Żołnierzy).

RYMOWANKA *"DZIESIĘCIU MAŁYCH ŻOŁNIERZYKÓW"*

Podczas kolacji ośmiu gości uświadamia sobie, że po pierwsze, w każdym z ich pokoi jest ta sama rymowanka, a po drugie, na stole w jadalni stoi dziesięć statuetek żołnierzy. Wkrótce potem głos znikąd oskarża wszystkich mieszkańców wyspy o popełnienie przestępstwa, wprawiając ich w panikę.

W rzeczywistości głos pochodził z gramofonu w pobliskim pokoju. Pan Rogers przyznaje następnie, że otrzymał od Owensa polecenie, by go włączyć. Wyjaśnia, że on i jego żona zostali wynajęci, za pośrednictwem agencji, przez Ulicka Normana Owena, który wysyła im polecenia pocztą. Goście, początkowo zdumieni, są potem oburzeni oskarżeniami pod ich adresem i każdy z nich próbuje się bronić.

Justice Wargrave proponuje, by każdy z gości wyjaśnił, dlaczego przybył na wyspę, i ustosunkował się do stawianych mu zarzutów: niektórzy z nich całkowicie zaprzeczają swoim zbrodniom, inni obrażają się, a jeszcze inni, jak Lombard i Marston, przyznają się do winy, choć wypierają się wszelkiej odpowiedzialności. Sędzia zręcznie zauważa, że inicjały pary, która ich tu zaprosiła, brzmią jak słowo "unknown", czyli "nieznany" (Ulick Norman Owen i Una Nancy Owen, czyli U. N. Owen). Dochodzi do wniosku, że osoba, która wysłała im zaproszenia "wie [...] bardzo dużo" i natychmiast sugeruje, by opuścili wyspę. Pan Rogers zwraca jednak uwagę, że jedynym sposobem na opuszczenie Wyspy Żołnierzy jest łódź, która przypływa każdego ranka z zaopatrzeniem.

PIERWSZE MORDERSTWA

Morderstwa zaczynają się tej nocy: Anthony Marston wypija łyk whisky i umiera. Dr Armstrong analizuje szklankę i dochodzi do wniosku, że młody człowiek zmarł od trucizny. Choć lekarz przypisuje to samobójstwu, Vera nie może oprzeć się wrażeniu, że Anthony Marston zginął tak samo jak pierwszy "żołnierz" z rymowanki, który zadławił się po wypiciu alkoholu.

Dr Armstrong zostaje obudzony w środku nocy przez pana Rogersa, aby zbadać kolejne miejsce zbrodni, tym razem popełnionej na pani Rogers, i postanawia poczekać, aż śniadanie zostanie zakończone, aby ogłosić wiadomość innym gościom.

Tego ranka łódź nie przypływa, a goście zaczynają się martwić, zwłaszcza że pogoda przybrała zły obrót. Ich niepokój wzrasta jeszcze bardziej, gdy Rogers odkrywa, że na stole w jadalni stoi teraz tylko osiem statuetek żołnierzy. Lombard uważa, że wszyscy na wyspie zajmują się "zbrodniami, których nie można sprowadzić do domu ich sprawców" i że Marston i pani Rogers zostali zamordowani przez U. N. Owena, który musi być gdzieś na wyspie. Blore, dr Armstrong i Lombard, uzbrojeni w pistolet, postanawiają dokonać inspekcji wyspy. Jednak po nieznalezieniu żadnego śladu Owena na wyspie lub w domu, goście zaczynają podejrzewać siebie nawzajem.

Podczas kolacji, po jego wymówieniu, MacArthur zostaje znaleziony martwy, uderzony w głowę kijem. Justice Wargrave podsumowuje następnie wydarzenia dnia i dochodzi do niezaprzeczalnego wniosku, że Owen musi być jednym z gości. Organizuje swoiste śledztwo, składając w całość fakty dotyczące śmierci Marstona i pani Rogers, a także reakcje każdego z gości na morderstwa. Sędzia dochodzi do wniosku, że każdy z nich jest podejrzany. Przestępca jest wśród nich: nie mogą nikomu zaufać.

Następnego ranka pan Roberts zostaje znaleziony martwy, z głową rozciętą tasakiem. Na stole w jadalni stoi teraz tylko sześć statuetek, co nie przeszkadza gościom w kontynuowaniu dnia jak zwykle.

Po śniadaniu panna Brent, sama w jadalni, słyszy brzęczenie pszczoły i czuje użądlenie na szyi. Zostaje znaleziona martwa przez innych gości. Armstrong, jedyny gość, który ma strzykawkę, zostaje przeszukany, ale strzykawki nie ma już w jego walizce. W związku z tym sędzia postanawia skontrolować każdego z pięciu ocalałych i umieścić w bezpiecznym miejscu lek Armstronga oraz rewolwer Lombarda, który również zniknął. Blore w końcu znajduje strzykawkę, wyrzuconą z okna jadalni, przy piątej statuetce.

Vera, sama w swoim pokoju, jest przerażona wodorostami zwisającymi z sufitu, które myli z ręką, która chce ją udusić. Zaalarmowani jej krzykiem, ocaleni, z wyjątkiem sędziego, spieszą jej na pomoc. Po upewnieniu się, że Vera nie jest w niebezpieczeństwie, wracają do jadalni i odkrywają ciało Wargrave'a, siedzącego w fotelu, ubranego w szkarłatną szatę (czerwoną zasłonę w łazience, która zniknęła) i zaimprowizowaną perukę sędziego. Armstrong zauważa, że zginął od kuli w głowę.

Tej nocy Blore słyszy kroki w korytarzu i zauważa sylwetkę wychodzącą z domu. Budzi pozostałych i zauważa, że Armstrong również zniknął. Blore i Lombard wyruszają go szukać, ale wracają z pustymi rękami. W międzyczasie ze stołu w jadalni znika kolejna statuetka.

ZBRODNIA DOSKONAŁA

Następnego ranka trójka ocalałych jest na krawędzi. Vera myśli, że Armstrong zastawił na nich pułapkę, fałszując swoje zniknięcie, ponieważ w rymowance dla dzieci jest mowa o "czerwonym śledziu", czyli fałszywym tropie. Następnie cała trójka opuszcza dom, aby przejść do poszukiwania lekarza. Blore wraca do domu, aby zjeść, gdzie znajdują go martwego Lombard i Vera, z głową zmiażdżoną przez zegar.

Wstrząśnięta tym morderstwem dwójka ocalałych chowa się przy klifach, gdzie zauważają utopione ciało Armstronga. Podczas gdy oni wyciągają ciało z wody, Vera widzi swoją szansę i wysuwa z kieszeni pistolet Lombarda. Zabija go, przekonana, że nie będzie już zagrożona, gdy zostanie sama na wyspie.

Po powrocie do domu zauważa, że na stole w jadalni nadal stoją trzy statuetki. Wyrzuca dwie z nich, a ostatnią zachowuje. Następnie idzie na górę do swojego pokoju, gdzie znajduje linę zwisającą z sufitu i krzesło pod nią. Postanawia się powiesić, wyczerpana psychicznie.

Po odkryciu ciał zostaje wszczęte śledztwo w celu znalezienia sprawcy. Dwaj inspektorzy ze Scotland Yardu, Thomas Legge i Maine, rozmawiają o dziesięciu ciałach odkrytych na Wyspie Żołnierzy, która została kupiona przez niejakiego Isaaca Morrisa (tajemnicza postać, która zmarła w podejrzanych okolicznościach tuż przed przybyciem dziesięciu bohaterów na wyspę) dla Owena. Ich śledztwo ujawnia, że wszyscy goście byli zamieszani w przestępstwa, ale wszyscy zostali uniewinnieni z powodu braku dowodów. Uważają, że przestępcą musi być jedna z postaci zamordowanych na wyspie. Maine układa linię czasową morderstw, czytając pamiętniki gości. Dochodzi do wniosku, że po śmierci Very na wyspie musiał pozostać jeszcze jeden ocalały, który odłożył krzesło, na którym powiesiła się nauczycielka. Nadal jednak nie może rozpracować, kto jest przestępcą.

Ostatni rozdział to spisana spowiedź Wargrave'a. Okazuje się, że jest on przestępcą wyspy; sfingował swoją śmierć, aby uniknąć wszelkich podejrzeń. Do swoich zbrodni przyznaje się w liście, który podpisuje i wrzuca do morza w butelce. W rezultacie, jeśli policja kiedykolwiek znajdzie list, zbrodnia zostanie rozwiązana; jeśli nie, sprawa na zawsze pozostanie tajemnicą. Tłumaczy, że po tym, jak dowiedział się, że cierpi na śmiertelną chorobę, a ponieważ i tak był u kresu kariery, postanowił stać się "artystą zbrodni" i popełnić morderstwo doskonałe, którego nikt nigdy nie będzie w stanie rozwiązać. Dzięki plotkom odkrył tajemnice swoich przyszłych ofiar, a następnie zaprosił je na Wyspę Żołnierzy, zakupioną wcześniej z pomocą Isaaca Morrisa, którego następnie otruł. Isaac Morris jest więc dziesiątą ofiarą, gdyż Wargrave popełnia samobójstwo, wierząc, że jest całkowicie niewinny.

List zostaje w końcu odkryty przez kapitana trawlera rybackiego *Emma Jane* i wysłany do Scotland Yardu.

STUDIUM POSTACI

PAN JUSTICE WARGRAVE

Wargrave, postać, która otwiera i zamyka powieść, jest byłym sędzią o niebotycznej reputacji w świecie sprawiedliwości, nazywanym "wieszającym sędzią" z powodu swojej sztywności. Dr Armstrong wspomina, że "miał wielką władzę z ławą przysięgłych – mówiono, że może za nich wymyślać umysły w każdy dzień tygodnia".

Ustawia się w roli Najwyższego Sędziego wyspy i manipuluje pozostałymi bohaterami jak marionetkami. Oprócz talentu do roli bezlitosnego sędziego, Wargrave ma wiele innych zalet:

- Jest bystrym psychologiem i potrafi przewidzieć działania swoich kolejnych ofiar. W efekcie wysyła każdej z nich fałszywe zaproszenie, napisane na tyle dobrze, by ich oszukać i zwabić na wyspę.

- Jest inteligentny, organizuje i prowadzi śledztwo jak prawdziwy policjant.

- Jest też utalentowanym aktorem (niezwykle dobrze ukrywa swoje prawdziwe emocje) i reżyserem (chce popełnić "coś teatralnego, niemożliwego!").

- Mógłby być pisarzem detektywistycznym i uważa, że ma "nieuleczalnie romantyczną wyobraźnię".

Krótko mówiąc, jest zbrodniarzem idealnym ("Moją ambicją było wymyślenie zagadki morderstwa, której nikt nie mógłby rozwiązać"). Wargrave jest więc postacią złożoną:

- Młody Wargrave był okrutnym nastolatkiem, który uwielbiał torturować i zabijać owady, cały czas odczuwając zarówno ogromną przyjemność, jak i nieubłagane wyrzuty sumienia.

- Dorosły Wargrave to człowiek o dużej pewności siebie, kierujący się szczególnym poczuciem sprawiedliwości. W rezultacie "zaczyna postrzegać siebie jako wszechmocnego, jako dzierżącego władzę życia i śmierci". Ufa swoim instynktom i jest w stanie wywyższyć winę, chwaląc się, że dzięki tej wysokiej percepcji nigdy nie popełnił błędu prawnego. To szaleństwo i wiara w siebie zostały już zauważone przez jednego z jego rówieśników, który opisuje go jako "jakiegoś fanatyka, który ma w nosie sprawiedliwość".

- Jest też bardzo ambitny, pragnie zakończyć życie "w blasku emocji". "Żyłbym przed śmiercią" – mówi.

W pewnym sensie jawi się jako współczesny szatan: wszechmocny w swoim "piekle" (Wyspa Żołnierzy), z ofiarami zdanymi na jego łaskę. Zabija swoich gości w ustalonym wcześniej porządku; ci, którzy jego zdaniem są mniej winni, giną najpierw, podczas gdy najbardziej winni zostają na koniec. Zabija się rewolwerem Lombarda za pomocą systemu sznurków i chusteczki, aby śledczy myśleli, że naprawdę zginął od kuli w głowę, jak piszą goście w swoich pamiętnikach.

VERA CLAYTHORNE

Młoda Vera Claythorne jest byłą guwernantką, mistrzynią gier i osobistą sekretarką podczas szkolnych wakacji. Popełniła zbrodnię miłosną: udaje, że próbowała uratować Cyryla, dziecko, którego była guwernantką, przed utonięciem, aby jej kochanek Hugo, wuj Cyryla, mógł odziedziczyć rodzinną fortunę i ożenić się z nią. Wypiera się jednak wszelkiej odpowiedzialności i twierdzi, że zrobiła wszystko, co w jej mocy, by uratować dziecko.

Jest bardzo inteligentna i dość szybko rozpracowuje znaczenie przedszkolnej rymowanki o dziesięciu żołnierzykach. To właśnie ona jest zmuszona najdłużej czekać na śmierć, gdyż jest ostatnią ofiarą sędziego: wiesza się, wyczerpana strachem, wyrzutami sumienia i rozpaczą, całkowicie zmanipulowana przez Wargrave'a. Zgodnie z logiką Wargrave'a jest więc tą, która popełniła najcięższą zbrodnię. Co więcej, ma bardzo logiczny umysł, stara się myśleć spokojnie i racjonalnie, nie ufa wszystkim innym gościom na wyspie.

KAPITAN PHILIP LOMBARD

Lombard, były marynarz bez grosza, przyznaje, że zostawił grupę tubylców na śmierć w Afryce, choć usprawiedliwia swój czyn tym, że "samozachowanie jest pierwszym obowiązkiem człowieka". Choć jest obecny na wyspie w związku z bliżej nieokreślonym zadaniem, zostaje wciągnięty w krwawą historię wyspy, nie wiedząc, że został uwięziony, mimo że jest przyzwyczajony do podejrzanych układów: "w dotychczasowych działaniach Lombarda legalność nie zawsze była warunkiem sine qua non".

Biorąc pod uwagę, że jest przedostatnim, który zginął, Wargrave wyraźnie uważa jego zbrodnię za bardzo poważną. Jednak dzięki swojemu duchowi przygody i wszystkiemu, co przeżył, nie ogarnia go strach, jak pozostałych. Jako jedynemu udaje mu się odgadnąć, dzięki czystemu szczęściu, tożsamość i motywację sprawcy, zanim sędzia zbija go z tropu upozorowanym morderstwem.

PANNA EMILY BRENT

Panna Emily Brent jest niezamężną kobietą, która została wychowana przez swoją rodzinę w sposób niezwykle wojskowy i religijny. Jest bardzo pewna siebie i nie waha się oceniać innych gości. Nie obawia się śmierci, gdyż uważa, że prowadziła życie bez zarzutu. Szczerze wierzy, że nie jest winna zbrodni, o którą została oskarżona: zwolniła służącą, która zaszła w ciążę, a dziewczyna w końcu popełniła samobójstwo. Jest piątą postacią, która umiera.

GENERAŁ MACARTHUR

Ten były żołnierz jest trzecią osobą, która umiera. Podobnie jak w przypadku większości pozostałych bohaterów, jego wspomnienia są zbyt ciężkie do udźwignięcia, obciążają jego sumienie, a poczucie winy staje się coraz silniejsze. Jego niewinność jest tylko fasadą. Jego zbrodnią było wysłanie młodego oficera na misję zwiadowczą w czasie I wojny światowej (1914-1918), mimo że doskonale zdawał sobie sprawę z ryzyka, a młody człowiek zginął. Generał tak naprawdę chciał się zemścić: wysłał oficera na misję jako karę za to, że przespał się z jego żoną.

Nie ma dość wewnętrznej siły, by ukryć swoje lęki jak inni. W rezultacie odnajduje spokój w chwili, gdy uświadamia sobie, że umrze na wyspie: śmierć oznacza koniec jego męki.

DR ARMSTRONG

Armstrong jest szanowanym lekarzem o błyskotliwej karierze. Jednak dręczy go wspomnienie kobiety, która zmarła po operacji, którą przeprowadził po pijanemu.

Jest łatwowierny i naiwny. W rezultacie Wargrave łatwo manipuluje nim, by stał się jego wspólnikiem, w celu zainscenizowania "samobójstwa" starego sędziego. Rzeczywiście, kiedy ciało Wargrave'a zostaje odkryte, Armstrong jest jedyną osobą, która podchodzi do rzekomych zwłok. Tę strategię wymyślił Wargrave, by móc udawać martwego i kontynuować swoje zbrodnie bez dalszych podejrzeń. Doktor pomaga mu jednak chętnie, przekonany, że dzięki temu sędzia będzie mógł skuteczniej obserwować pozostałych gości i zdemaskować zabójcę, który jego zdaniem w końcu popełni błąd. Jednak gdy tylko lekarz przestaje być dla niego użyteczny, sędzia zabija go. Aby się go pozbyć, Wargrave zastawia na niego pułapkę: twierdząc, że chce złapać mordercę na gorącym uczynku, przekonuje doktora, by spotkał się z nim na klifach nad morzem. Wargrave wykorzystuje tę szansę, by w środku nocy zepchnąć go do oceanu.

ANTHONY MARSTON

Tych "sześć stóp dobrze proporcjonalnego ciała" jest pierwszą ofiarą Wargrave'a. Sędzia uważa, że to amoralny młody człowiek, bez sumienia, poczucia odpowiedzialności czy dobrego wychowania. Rzeczywiście, ciągle zaprzecza, jakoby był odpowiedzialny za wypadek samochodowy, w wyniku którego zginęło dwoje dzieci, które – według niego – nagle wybiegły przed jego samochód.

PAN BLORE

Skorumpowany były policjant, pan Blore jest oceniany przez Wargrave'a jako niegodny pracy w świecie sprawiedliwości. W istocie, Blore złożył fałszywe świadectwo przeciwko uzbrojonemu bandycie, oskarżając go o zabicie strażnika bankowego. Przestępca zmarł w więzieniu. Blore wziął łapówkę, by popełnić krzywoprzysięstwo. Wargrave uznaje to za poważne przestępstwo i postanawia za karę zabić Blore'a.

PAN I PANI ROGERS

Choć są tylko służącymi w domu na Wyspie Żołnierzy, para ta nie jest całkowicie moralnie nienaganna: pracowała dla bogatej wdowy, która zachorowała pewnej burzliwej nocy. Pan Rogers twierdzi, że nie mógł nic zrobić dla staruszki, a ta zmarła, zanim przybył z lekarzem. W ten sposób para odziedziczyła pokaźną sumę pieniędzy.

Wargrave uważa jednak, że pan Rogers jest winny śmierci swojej byłej pracodawczyni i w konsekwencji zapewnia mu gwałtowny koniec, natomiast pani Rogers, działając pod wpływem męża i już targana wyrzutami sumienia, umiera we śnie.

ANALIZA

NIE JEST TO PRZECIĘTNY KRYMINAŁ

I Nie Było Już Nikogo to nietypowy kryminał na więcej niż jeden sposób. Choć założenie jest proste (dziesięć osób, bez żadnego widocznego związku, zebranych w zamkniętej przestrzeni), historia staje się znacznie bardziej złożona w miarę ujawniania kolejnych szczegółów (oskarżenia o popełnione zbrodnie, wspomnienia, a następnie wyrzuty sumienia bohaterów pokazują, że ci ludzie nie znaleźli się tam przypadkowo). Christie bawi się kodami powieści detektywistycznej, konstruując historię, która całkowicie wyprowadza czytelnika z równowagi:

- Morderca i śledczy to jedna i ta sama osoba: Justice Wargrave. Prowadzi on śledztwo w sprawie popełnionych przez siebie zbrodni, stając się jednocześnie egzekutorem prawa i przestępcą. Sam Wargrave ilustruje ambiwalentny charakter tej opowieści. Ponadto, ponieważ nie ma śledczego w prawdziwym znaczeniu tego słowa, czytelnik jest zbity z tropu, ponieważ nie może utożsamić się z bohaterem i uzyskać wglądu w zbrodnię poprzez jego wskazówki.

- Autorka "oszukuje" i robi sobie z czytelnika jaja. Na przykład każe nam wierzyć, że winowajca został zabity w samym środku opowieści, aby zbić nas z tropu (zaraz po tym, jak daje nam rozwiązanie zagadki za pośrednictwem Lombarda, który trafnie odgaduje tożsamość sprawcy zupełnie przypadkowo). W efekcie wiele możliwych wskazówek i tropów po prostu jeszcze bardziej dezorientuje czytelnika.

- Jest jeszcze jedno pytanie, równie ważne jak tożsamość mordercy w *I Nie Było Już Nikogo*, pytanie dość rzadko spotykane w powieściach detektywistycznych: kto będzie następną ofiarą?

I Nie Było Już Nikogo to nietypowy kryminał, w tym sensie, że nie ma w nim postaci walczących z przestępczością. Wargrave'a, który jest jednocześnie śledczym i mordercą, trudno uznać za stróża prawa. Jest on daleki od tradycyjnych śledczych, takich jak Herkules Poirot, jeden z bohaterów Christie, czy Sherlock Holmes, najsłynniejsza postać Arthura Conana Doyle'a (brytyjski pisarz, 1859-1930). To mniej kryminał, a bardziej powieść kryminalna, która pochłania się sama, gdy zaczynają znikać ofiary. Gdy tylko ostatni "Żołnierzyk" w rymowance przedszkolnej wyda ostatnie tchnienie, historia się kończy.

 WHODUNIT

Whodunit w języku angielskim oznacza mniej więcej "kto [to] zrobił" i jest używany do opisywania powieści detektywistycznych, które przedstawiają czytelnikowi zagadkę do rozwiązania. W thrillerze natomiast tajemnica (jeśli w ogóle istnieje) nie jest w centrum fabuły, a nacisk kładzie się na wydarzenia i reakcje bohaterów. W rezultacie whodunit, najbardziej emblematyczny typ powieści detektywistycznej, to książka z zagadką, w której bohaterowie (i czytelnik) próbują odgadnąć tożsamość zabójcy. Rozwiązanie zagadki jest kluczowe dla fabuły, a wskazówki są pozostawione dla czytelnika przez całą historię. Jest to prawie jak gra, w tym sensie, że chodzi o zdemaskowanie sprawcy, zanim zrobi to główny bohater. Gatunek ten był bardzo popularny w literaturze anglosaskiej na początku XX wieku.

RYMOWANKA PRZEDSZKOLNA I *MISE EN ABYME*

Rymowanka *Ten Little Soldier Boys* była pierwotnie amerykańską piosenką dla dzieci napisaną w XIX wieku. Odgrywa ona istotną rolę w powieści: stanowi centralny temat opowieści, a zatem jest formą *mise en abyme*. W istocie, rymowanka przepowiada los zarezerwowany dla każdego z bohaterów zaproszonych na Wyspę Żołnierzy. Jeśli chodzi o dziesięć statuetek żołnierzy, służą one do zaznaczenia eliminacji gości i wywarcia presji na ocalałych.

Mała historia opowiedziana w rymowance przedszkolnej odzwierciedla fabułę *I Nie Było Już Nikogo*, ponieważ każda postać jest zabijana zgodnie z piosenką dla dzieci: pierwsza ofiara zostaje otruta; druga zabita we śnie; trzecia umiera "w Devon"; czwarta zostaje zabita przez siekierę, gdy zamierzała rąbać drewno; piąta zostaje "ukłuta"; szósta "umiera w sądzie" (nawiązując do kpiącej śmierci sędziego); siódma tonie ("czerwony śledź"); ósma zostaje uderzona przez zegar w kształcie niedźwiedzia; dziewiąta zostaje zabita przez kulę (jest "sflaczała"); a dziesiąta się wiesza.

Co więcej, rymowanka dla przedszkolaków to piosenka, którą dzieci śpiewają, aby określić osobę, która odpada z gry lub musi biec za innymi. Ta losowa eliminacja pozwala Wargrave'owi zabijać swoje ofiary tak jak w grze: "rymowanka o dziesięciu małych chłopcach-żołnierzach […] fascynowała mnie jako dziecko dwuletnie – nieuchronne kurczenie się – poczucie nieuchronności".

POZORNA FRYWOLNOŚĆ

Powieść ma więc pewien dziecięcy aspekt, który maskuje brzydotę wydarzeń i nadaje historii pewną frywolność. Najbardziej oczywistym elementem jest rymowanka przedszkolna. Jednak nawet bez niej istnieje bardzo namacalny element zabawowy w powieści. Rzeczywiście, morderca bawi się swoimi ofiarami. Zostawia im wskazówki dotyczące zarezerwowanego dla nich losu i bawi się, robiąc z siebie potencjalną ofiarę. Czytelnik również bierze udział w tej zabawie, gdyż jesteśmy zachęcani do podejmowania prób rozwikłania wątków fabuły w celu rozwiązania zagadki. Wyznanie sędziego Wargrave'a na końcu powieści jest jak rozwiązanie gry, potwierdzające lub zaprzeczające podejrzeniom czytelnika. Należy również zauważyć, że spowiedź Wargrave'a jest kolejną grą. Niesiony swoją megalomanią jest pewien, że nikt nigdy nie będzie w stanie rozwiązać zagadki. Spowiedź ta jest więc jego trofeum i pozwala mu wziąć odpowiedzialność za enigmę.

Oprócz chorobliwej gry w chowanego z ofiarami, czytelnikiem i policją, na frywolność powieści wskazuje również brak rozważań moralnych. Narrator nigdy nie osądza bohaterów, mimo że wszyscy są oskarżeni o morderstwo. Paradoksalnie, jedynym gwarantem jakiejś formy moralności jest sam morderca, bo to on karze ludzi, a sam popełnia zbrodnie.

Humor i ironia są bardzo silnie obecne w powieści i przyczyniają się do budowania tej pozornej frywolności przez lekkość wydarzeń. Weźmy na przykład ostatnie słowa Antony'ego Marstona, kiedy pije za zdrowie mordercy tuż przed śmiercią od trucizny. Ta pozornie beztroska postawa, kontrastująca z wszechobecnością śmierci i pojawieniem się rodzaju szaleństwa, które opanowuje ocalałych, wzmacnia mroczny ton powieści.

I Nie Było Już Nikogo to tekst, który jest jednocześnie powieścią i grą. Bada oszustwo człowieka i prezentuje rodzaj ambiwalencji, która pozwala mu zgłębić bardzo mroczną historię. W powieści nie ma sentymentów moralnych: ocaleni nie opłakują zmarłych; są częścią okrutnej gry, w której wszyscy są konkurentami. Czytelnik sam bierze udział w tej grze, która ukrywa tragedię rozgrywającą się na wyspie.

SPRAWIEDLIWOŚĆ I KARA

Motywem popełnienia zbrodni przez Justice Wargrave'a jest sprawiedliwość. Lombard odkrywa rozwiązanie zagadki, nie zdając sobie z tego sprawy: wyjaśnia, że sędzia, w wyniku swojej pozycji, mógł ulec urojeniom wielkości i megalomanii, które doprowadziły go do tego, że sam decyduje o tym, co jest sprawiedliwe, a co nie. Morderca uważa, że jego ofiarom udało się prześlizgnąć obok radaru sprawiedliwości i sam postanowił zostać katem. Ale czy rzeczywiście chodzi tu o sprawiedliwość?

• Wargrave wydaje się działać bardziej z zemsty niż ze sprawiedliwości. Jego rozumowanie jest boleśnie pozbawione sprawiedliwości. Jego ofiary nie dostają szansy na udowodnienie swojej niewinności, a wyrok wydaje sędzia, który jest jednocześnie katem i śledczym. Jest to parodia sprawiedliwości, w której sędzia nigdy nie jest niczym innym, jak tylko przeciwnikiem oskarżonych.

- Sędzia nie stosuje sprawiedliwości prawa, ale swój własny rodzaj sprawiedliwości. Arbitralnie określa, które przestępstwa są najmniej poważne, zabijając tych, którzy popełnili je w pierwszej kolejności, aby uniknąć tortur psychicznych, które czekają tych, którzy w jego oczach popełnili poważniejsze przestępstwa. Warto też zauważyć, że ostatnią osobą, która ginie jest sam sędzia, gdyż popełnił on najohydniejszą zbrodnię ze wszystkich ofiar, mimo że sam określa się jako niewinny obrońca krzywd.

- Winne są również ofiary. Każdy z protagonistów jest winny jakiejś śmiertelnej zbrodni. W związku z tym żaden z nich nie jest całkowicie niewinny: bohaterowie są ofiarami Wargrave'a, ponieważ wszyscy są winni jakiejś zbrodni. Na wyspie znajduje się zatem grupa morderców i ofiar. Odwraca to uczucie empatii, które zwykle odczuwamy wobec niewinnej ofiary. Ta ambiwalencja między winą a niewinnością utrudnia czytelnikowi odnalezienie winowajcy (musi znaleźć mordercę pośród dziesięciu zabójców), a także nadaje wydarzeniom podtekst kary, nie kwestionując nigdy moralności czynów poszczególnych postaci.

Jeśli w *I Nie Było Już Nikogo* istnieje jakieś poczucie sprawiedliwości, to jest to jej skrajna, wyolbrzymiona wersja, bardziej przypominająca represję niż sprawiedliwość. Pojęcie sprawiedliwości również nie jest w powieści zbyt jasne. Wyznanie Wargrave'a pozostawia pewną wątpliwość co do jego prawdziwych intencji. Czy sprawiedliwość rzeczywiście jest motywem, czy tylko pretekstem? Sędzia mówi zarówno o ukaraniu zbrodni, które wymknęły się sprawiedliwości, jak i o tym, że udało mu się popełnić zbrodnię doskonałą. Jest gwarantem wymyślonego przez siebie poczucia moralności, a więc to on wyznacza jej granice.

LĘK I STRACH

Wyższość Wargrave'a polega na tym, że wie, co się stanie. Sadystycznie prowokuje stan niepokoju u pozostałych, którzy nie wiedzą nic o swoim gospodarzu ani o tym, co się z nimi dzieje. Dla pana Rogersa "to jest to, co przeraża [go] najbardziej. Nie mieć pojęcia". Po pierwszych morderstwach niepokój przekształca się w strach, który stopniowo prowadzi bohaterów do pogodzenia się z losem lub popełnienia śmiertelnych błędów (pomyślmy o doktorze Armstrongu, który ślepo ufa Wargrave'owi, czy Verze, która przekonana, że to Lombard jest mordercą, zabija go, by zapewnić sobie przetrwanie).

Do tego dochodzi jeszcze poczucie winy każdej osoby, na czym Wargrave bazuje. Co więcej, poczucie to jest dla niektórych tak przytłaczające, że w końcu przyznają się do winy (tak dzieje się w przypadku generała MacArthura, Lombarda i Blore'a). Każdy z nich ma swoje powody, by obawiać się wyroku śmierci, o którym decyduje niewidzialny, nieznany sędzia. Siła powieści tkwi w tej psychologicznej, niezwykle brutalnej torturze, która jest jednak ukryta pod pozorami lekkości: bohaterowie wiedzą, że zostali skazani za dawne występki, na które nie mają już wpływu. Stają wtedy przed straszliwym oczekiwaniem: wiedzą, że są potępieni, nie wiedząc kiedy, jak, ani nawet z czyjej ręki zapuka śmierć.

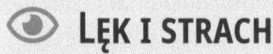

LĘK I STRACH

Lęk to "stan niepokoju lub napięcia spowodowany obawą przed możliwym przyszłym nieszczęściem, niebezpieczeństwem". Strach to "uczucie niepokoju, lęku lub alarmu spowodowane zbliżającym się niebezpieczeństwem, bólem" (*Collins English Dictionary*).

TAJEMNICA ZAMKNIĘTEGO KRĘGU

Wszyscy bohaterowie opowieści są uwięzieni na wyspie, miejscu, z którego nie mogą uciec. Ofiary-wulkany są więc odcięte od świata i zamknięte w klatce, z kilkoma "poziomami" barier, które pasują do siebie niczym matrioszki.

- Dom jest pierwszą klatką. Wydaje się, że jest to schronienie. Jest to nowoczesny, w pełni umeblowany dom, który na początku nie wydaje się niczym nadzwyczajnym. Podczas burzy stanowi wręcz barykadę przed żywiołem. Drzwi do sypialni można zamknąć, co daje ofiarom złudzenie bezpieczeństwa. Jednak w trakcie opowieści dom przekształca się w więzienie, więżąc ofiary w tym samym miejscu, co ich morderca. Dom nie może być więc dłużej miejscem bezpieczeństwa, gdy staje się jasne, że zagrożenie nie znajduje się na zewnątrz.

- Sama wyspa jest przestrzenią zamkniętą, klatką, w której mieści się inne więzienie: dom. Jest to więzienie na wolnym powietrzu, ale paradoksalnie nie ma wyjścia. Miejsce to ma wymiar nieodwracalny, ludzie mogą tu wejść, ale nie mogą wyjść. Wyspa jest również miejscem zależności: nie można z niej uciec bez pomocy. Jest to miejsce owiane tajemnicą i obciążone legendą, co nadaje jej niemal fantastyczny wymiar: wyspa jest więc odcięta od świata, zarówno dosłownie, jak i w przenośni.

- Szalejąca burza, która uniemożliwia nadejście pomocy, to trzeci poziom uwięzienia bohaterów. Jest to przeszkoda meteorologiczna, która zmusza bohaterów do zamknięcia się w domu, który ze schronienia staje się śmiertelną pułapką. Stan morza jest ostatnią przeszkodą dla wszelkiej nadziei na ucieczkę.

Symbolicznie motyw zamkniętej przestrzeni przywodzi na myśl zarówno więzienie, jak i czyściec, miejsce, gdzie ofiary czekają na osądzenie i ukaranie. Bohaterowie muszą więc być wobec siebie nieufni, bo niewinność jest tym, czego tak bardzo brakuje w tej opowieści. Wyspa jest miejscem zamkniętym, z którego jedyną ucieczką jest śmierć.

DALSZA REFLEKSJA

KILKA PYTAŃ DO PRZEMYŚLENIA...

- Powieści Christie są znane z humoru. Znajdź w powieści kilka "humorystycznych" scen.

- Przeczytaj inną książkę Christie i porównaj obie. W czym są podobne?

- Stwórz argumenty na rzecz oskarżenia lub obrony każdego z bohaterów.

- Zbadaj technikę *mise en abyme* i wyjaśnij, dlaczego ten termin ma zastosowanie do książki.

- Jaka jest rola rymowanki przedszkolnej? W jaki sposób dodaje to suspensu?

- Jak zaadaptowałbyś tę książkę do współczesności, biorąc pod uwagę postęp technologiczny?

- Czy można powiedzieć, że Wargrave popełnił zbrodnię doskonałą? Wyjaśnij swój punkt widzenia.

- Czy uważasz, że Wargrave wymierzył sprawiedliwość? Obroń swoją opinię.

- W jakim sensie można powiedzieć, że *I Nie Było Już Nikogo* to powieść detektywistyczna?

- *I Nie Było Już Nikogo* jest tym, co nazywa się "tajemnicą zamkniętego pokoju". Zdefiniuj to pojęcie i podaj przynajmniej dwa przykłady powieści, które odpowiadają temu gatunkowi.

DALSZE CZYTANIE

WYDANIE REFERENCYJNE

Christie, A. (2007) *And Then There Were None*. Masterpiece Ed. New York: Harper.

BADANIA REFERENCYJNE

Berek, C. (2015) *Mystery Novels: Becoming the Sherlock Holmes of Genre* Analysis [w:] "Analiza *gatunkowa*". [Online]. [Dostęp 30 marca 2017]. Dostępny w: <http://isuwriting.com/wp-content/uploads/2015/12/Berek-Caitlin-GWRJ6.1.pdf>.

Rouvinen, N. (2016) *Constructing Masculinity in Agatha Christie's Novel "And Then There Were None"*. MA. University of Eastern Finland. [Online]. [Dostęp 30 marca 2017]. Dostępny w: <http://epublications.uef.fi/pub/urn_nbn_fi_uef-20160666/urn_nbn_fi_uef-20160666.pdf>.

ADAPTACJE

And Then There Were None (I Nie Było Już Nikogo). (1974) [film]. Peter Collinson, reż. Włochy, Niemcy, Francja, Hiszpania, Wielka Brytania: Corona Filmproduktion, Talía Films, COMECI.

François Rivière i Frank Leclercq. *And Then There Were None*. (2009) [powieść graficzna].

And Then There Were None. (1974) [miniserial]. Craig Viveiros, reż. Wielka Brytania: Mammoth Screen, Agatha Christie Productions, Acorn Productions, A&E Networks.

Chcemy usłyszeć od Ciebie, co się dzieje!
Zostaw komentarz na temat swojej internetowej biblioteki
i podziel się swoimi ulubionymi książkami w mediach społecznościowych!

www.50minutes.com

Master ISBN: 9782808694032
Papierowy ISBN: 9782808615433
Depozyt prawny: D/2023/12603/1823

Verhaal: © Primento

Projekt cyfrowy: Primento, cyfrowy partner wydawców.